INVENTAIRE
V 24,639

V
2654
Ro.76.b

V.2694
ed.76 b.

24639

SALON DE 1853.

ARCHITECTURE.

ÉTUDES
DE
MAISONS OUVRIÈRES ET DE BAINS ET LAVOIRS PUBLICS.

(N° 1727.)

PAR M. GOURLIER (CH. P.).

PARIS.
IMPRIMÉ PAR E. THUNOT ET Ce,
rue Racine, 26, près de l'Odéon.

1853

ÉTUDES

DE

MAISONS OUVRIÈRES

ET DE

BAINS ET LAVOIRS PUBLICS.

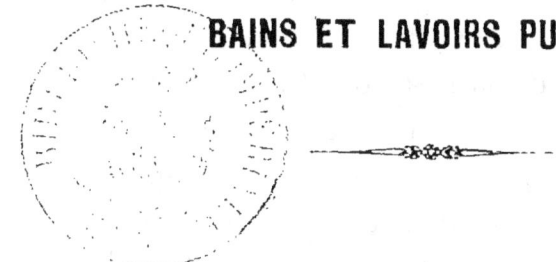

Le LIVRET ou EXPOSITION DES OUVRAGES ne contient sur ces ÉTUDES que ce qui suit :

(N° 1727.)

A (châssis). 1° Maisons d'Ouvriers avec logements séparés.
              2° Bains et Lavoirs.
              3° Chambres garnies.
              4° Ateliers et Infirmeries.
B   —   Bains et Lavoirs publics contenant les ateliers d'essangeage, lessivage, savonnage, séchage immédiat et repassage.
C   —   1° Variante des projets précédents.
              2° Bateau-Lavoir, etc.

Je crois devoir ajouter ici quelques détails pour faciliter l'examen de ces Études à ceux de mes confrères et aux autres personnes qu'elles intéresseraient comme ayant pour but le *côté architectural* de la *question ouvrière*, si importante, si difficile et depuis si longtemps controversée chez nous, malheureusement jusqu'ici sans résultat satisfaisant.

Des renseignements précieux à ce sujet ont été exposés dans les deux utiles publications faites en 1850, par ordre du Prince Président et par les soins du Ministère du Commerce, et contenant : l'une, la traduction de l'excellent mémoire sur *les habitations des Classes Ouvrières*, par mon confrère et ami H. Roberts, le digne Architecte honoraire de la société qui a fait élever à Londres et dans le surplus de l'Angleterre, tant et de si intéressantes constructions de ce genre; l'autre, les consciencieux travaux de la Commission créée en 1850 et comprenant l'indication tant des nombreux *Bains* ou *Lavoirs* qui existent depuis longtemps déjà à Paris, que des *Bains et Lavoirs* établis dans ces dernières années seulement, mais sur une si grande échelle, chez nos voisins : publications accompagnées l'une et l'autre de *détails graphiques* que j'ai joints en partie sur les marges de mes études, à titre de renseignements comparatifs.

La mission dont j'ai eu l'honneur d'être

chargé pour Londres et son exposition m'a fourni une occasion précieuse de voir ces utiles établissements ; et j'achevais d'en rendre compte dans plusieurs rapports spéciaux à M. le Ministre de l'Intérieur, j'y annonçais même l'intention d'en présenter plus tard des *Études* graphiques, au point de vue des besoins, des mœurs, des habitudes de nos classes ouvrières, lorsque parut (le 13 mai 1852) l'*appel* adressé par S. A. I. aux Architectes à l'effet d'obtenir des *projets* de trois *Établissements Modèles* à construire à Paris ; appel conçu avec une profonde connaissance et de ce qui a été fait en Angleterre et de ce qu'il convient de faire en France, ainsi que le prouve l'extrait suivant :

« Un Établissement dans lequel les Ouvriers
» mariés et célibataires puissent avoir un
» logement sain et aéré, convenablement
» chauffé, éclairé et pourvu d'eau ; dans le-
» quel chaque ménage soit complétement sé-
» paré, et où la seule chose commune tant
» aux ménages qu'au public soit un grand
» Lavoir, etc. »

Mes fonctions m'empêchent habituellement de prendre part aux *Concours publics* ; mais, dans cette circonstance exceptionnelle, c'était pour moi un devoir de présenter le résultat de mes *Études* sur ce sujet d'intérêt public.

Le châssis A contient le plus important des trois projets que j'ai alors présentés.

La *Maison à loyer* qui en fait la principale partie a pour objet, non une *Cité ouvrière* (je partage entièrement l'éloignement d'un grand nombre de personnes dont l'opinion est d'un grand poids, et de beaucoup d'ouvriers mêmes pour ces sortes d'agglomérations, de petites Cités particulières dans la grande), mais, aux termes précités du programme, un *bâtiment unique* dans lequel *chaque logement (petit, moyen, ou grand) est complétement séparé et renferme dans son intérieur tout ce qui est nécessaire aux divers besoins de la vie* (petit passage d'entrée, cabinet d'aisance, cuisine, chambres séparées pour les parents et pour les enfants), le tout complétement éclairé, aéré, chauffé, pourvu d'eau, et desservi par des galeries de communication et des escaliers larges, commodes, et aussi bien éclairés et bien aérés.

Il pourrait y être établi, à l'instar de ce qui se pratique à Londres, un étage de *soubassement* entre deux cours basses, divisé en petits *Ateliers* aussi bien éclairés et aérés, chauffés au besoin et parfaitement sains.

A rez-de-chaussée, il pourrait aussi être établi : une salle de *restaurant*, une petite salle d'*asile*, une *École* pour les Garçons et les Filles à des heures *différentes* de la journée, et pour les *Adultes le soir*.

A l'étage supérieur il pourrait également être établi une petite *Infirmerie*, comprenant : un cabinet de médecin, une salle pour trois ou quatre hommes et une pour autant de femmes, une *Lingerie*, une *Pharmacie*, enfin un *Promenoir* parfaitement éclairé et aéré ; ce qui réunirait les divers avantages : de guérir immédiatement une foule d'indispositions et d'en prévenir de plus graves, sans éloigner les malades de leurs familles, de faciliter l'extension des secours à domicile, et de réserver les lits de nos établissements publics pour les cas indispensables.

L'infirmerie, l'Asile, l'École, etc., donneraient lieu de la part des locataires qui en profiteraient à un supplément du loyer habituel.

La *construction* serait simple, mais de nature à assurer complétement la *solidité*, la *salubrité* et l'*incombustibilité*. Tous les tuyaux d'arrivée et de distribution des eaux, du gaz, et, au besoin, de l'air frais ou chauffé, ainsi que d'écoulement des eaux pluviales et ménagères et des matières fécales, seraient placés dans des caissons ouvrant sur les diverses galeries, à l'abri de tout accident et à la portée de toute réparation. Des *trémies* recevraient à chaque étage les immondices de chaque logement et les réuniraient à l'étage de soubassement dans des caisses ou paniers d'enlèvement.

Derrière le bâtiment, des cours ou préaux en partie plantés pourraient recevoir quelques appareils de gymnastique à l'usage des enfants.

Quelques personnes non-seulement n'approuvent pas les *Cités ouvrières*, mais voudraient qu'on ne donnât à chaque maison que l'étendue suffisante pour loger à chaque étage un seul ménage, ou deux ou trois au plus. Une étude *comparative* dans ce sens fait voir qu'on n'obtiendrait ainsi, à emplacement égal, que des *Logements*, des *passages*, des *escaliers*, des *cours* beaucoup plus resserrés, moins aérés, dès lors moins commodes, et cependant plus coûteux.

Conformément au *programme*, j'avais annexé à la *Maison ouvrière* des *Bains* et *Lavoirs* ayant des entrées spéciales pour le public. Mais ce n'était là que de premières études, et je renvoie à ce que j'aurai à dire au sujet des nouvelles études de ce genre comprises aux deux châssis ci-après.

Mais j'appellerai dès à présent l'attention sur la *Maison garnie* également comprise au châssis A, et qui, à l'instar de celles si utilement construites à Londres et à Bruxelles, etc., au lieu d'entasser hommes ou femmes et quelquefois *hommes* et *femmes* dans le même dortoir, est partagée en plusieurs dortoirs divisés eux-mêmes en un corridor et en *cellules* ayant toutes leur porte, la place pour un lit, une chaise et un petit meuble et une demi-croisée dont la partie supérieure éclaire et aère l'ensemble du dortoir. A portée sont des *Lavabos* et des *Cabinets d'aisance*.

Telles étaient les données des divers projets que j'avais présentés. Une vingtaine d'autres l'avaient été également. Sur l'avis d'une commission spéciale, Sa Majesté a daigné m'admettre à partager en tiers la prime qu'elle avait bien voulu instituer. Mais j'ai vivement regretté, dans le seul intérêt de la question, qu'il n'y ait eu ni exposition publique, ni discussion contradictoire des projets, ni publication des avis motivés de la Commission. En matière d'un si haut intérêt public, il importait de comparer les idées, les propositions diverses; et une œuvre, même peu satisfaisante, contient quelquefois le germe, l'occasion d'une pensée heureuse. Je regrette par la même raison de ne pas trouver à l'exposition un plus grand nombre de projets de ce genre; et, quant à moi, ç'a été une occasion précieuse de soumettre mes études à mes confrères et à l'opinion publique.

Les châssis B et C contiennent :

1° Plusieurs études spéciales de *Bains* et *Lavoirs*;

2° Et plusieurs dispositions d'ensemble de *Maisons ouvrières*, à loyer ou garnies, ainsi que de *Bains* et *Lavoirs*, d'*Écoles* et d'*Asiles*, dans la vue de réunir, de grouper tous les genres de construction qui intéressent les ouvriers, non comme simple disposition architecturale, mais comme moyen de les faire concourir l'un l'autre à leur avantage mutuel et réciproque.

On sait qu'il existe à Paris, et assez généralement en France, un grand nombre de *Bains* d'une part et de *Lavoirs* de l'autre, la plupart convenablement disposés en eux-mêmes; les *Lavoirs* en particulier contenant, dans un ordre plus ou moins favorable, les divers moyens d'*essangeage*, de *lessivage*, de *savonnage*, de *rinçage* et même de *tordage* ou *essorage*, dont la succession forme les principales opérations du *blanchissage*, mais, par malheur, presque généralement sans les moyens de *séchage* prompt et immédiat et de *repassage* qui en forment le complément indispensable ; et nos laveuses sont dès lors presque toujours obligées d'emporter le linge chargé d'eau aux dépens de leurs forces et de leur santé, et d'achever ces opérations aux dépens de la salubrité de leurs habitations.

Il y a quelques années encore, *Bains* et *Lavoirs* manquaient également en Angleterre pour les classes pauvres et ouvrières ; mais il y a en partie été pourvu ainsi qu'il suit :

Nos voisins ont d'abord eu l'idée heureuse et économique de réunir ces deux sortes d'établissements, employant l'un et l'autre tant d'eau froide ou chaude ; ils les ont en outre construits sur une échelle qui, lors des premiers essais, a entraîné à des dépenses prodigieuses, mais qui a permis ensuite de fixer : d'abord des prix extrêmement bas pour une *première division* consacrée aux classes les plus pauvres, puis des prix plus élevés, quoique modiques encore, pour une *seconde division*.

Les Lavoirs anglais sont inférieurs aux nôtres en ce qu'ils manquent en général de *buanderies*, d'ateliers de *lessivage* en commun, si perfectionnés, si bien conduits chez nous, et chaque laveuse y lave tant bien que mal tout son linge dans une même auge, séparée en deux parties; mais ils leur sont supérieurs en ce qu'ils comprennent de la manière la plus parfaite les moyens de *séchage* immédiat et de *repassage*.

Quant aux *Bains*, ils sont distribués de manière à économiser le plus possible le *terrain*, les *constructions* et les frais de *service*, quelquefois un peu aux dépens de l'éclairage et de l'aérage, et ils comprennent toujours, indépendamment des *Cabinets à baignoires*, des *piscines* ou *bassins de bain et de natation* en commun, dont l'eau est convenablement chauffée et renouvelée, et dont l'usage est en même temps économique et favorable.

Dans mes divers projets de *Bains* et *Lavoirs*, je me suis attaché : 1° à conserver les avantages de nos établissements et principalement nos excellentes *buanderies*; 2° à y joindre les avantages des établissements anglais, principalement quant au *séchage*, au *repassage*, aux *piscines*, aux *deux divisions* de chaque établissement; 3° à en disposer chaque partie de la manière la plus conforme en même temps à la marche des opérations, à l'économie de terrain et de construction ainsi qu'à celle du service, mais en même temps à sa facilité, ainsi qu'à la salubrité, et, à cet effet, à l'aérage et à l'éclairage, etc.

L'un de mes projets, le moins important, composé d'une cour centrale entourée de bâtiments en quatre sens, peut se prêter à deux combinaisons :

Pour les localités les moins considérables, la cour et trois des bâtiments peuvent être consacrés au *Lavoir*, et le quatrième bâtiment aux *Bains*, l'un et l'autre établissement susceptibles d'être partagés en deux divisions avec les diverses entrées distinctes nécessaires. Pour des localités plus considérables, le lavoir peut s'étendre dans la totalité des bâtiments, et les *Bains* être établis dans un étage supérieur au-dessus des deux bâtiments latéraux : disposition nécessairement plus économique, puisqu'elle ne nécessite que la même quantité de *terrain*, de *fondations* et de *couverture*, pour des localités à peu près doubles.

Un projet plus considérable, également composé de bâtiments en quatre sens, mais avec deux cours intérieures séparées par un bâtiment transversal, se prêterait à des combinaisons analogues, aussi dans des proportions diverses, mais toutes pour des localités plus considérables.

Une esquisse de *Bateau baigneur et laveur* de la grandeur de celui de la Samaritaine (50 mètres) pourrait contenir : en bas, ou deux divisions de *Lavoirs*, ou une seule division, toujours avec *buanderie*, et une *piscine* dont, dans les temps froids, l'eau serait préservée par de doubles fonds, et chauffée et renouvelée ; et, au-dessus des *bains* en deux divisions pour chaque sexe.

Dans les divers établissements de bains, j'ai réservé quelques cabinets pour des bains de vapeur, russes, etc., et en partie avec lits.

Quant aux dispositions d'ensemble, les unes réunissent sur un même plateau, les *Maisons*, *Bains et Lavoirs*, *Écoles*, etc., du reste, convenablement séparés ; une autre présente. au milieu, un *Square* de l'industrie, et, au pourtour, les divers édifices précités.

Tel est l'ensemble des diverses études auxquelles je me suis livré jusqu'ici. J'en ai exposé les différentes données, ainsi que les principaux résultats réalisés en Angleterre dans cinq articles qui ont paru au *Moniteur universel* du 9 mars au 13 avril dernier ; et si ces premières études sont jugées dignes de quelque attention, je me propose de me livrer, pour chacun de ces genres d'édifices, à un travail entièrement approfondi et détaillé.

J'ai déjà mentionné les importants travaux de mon confrère Henry Roberts, et je ne puis mieux lui payer le tribut que je lui dois pour l'utilité dont m'ont été, et ses publications et les renseignements particuliers qu'il a bien voulu m'adresser, qu'en rappelant ici les dignes paroles par lesquelles il termine son mémoire sur les *habitations des classes ouvrières*.

« Celui qui contribue au bien-être de ses
» semblables dans un but de glorification
» pour la Providence, se crée un bonheur
» durable que la poursuite de la richesse,
» le culte de la renommée et la recherche des
» plaisirs futiles sont insuffisants à lui pro-
» curer. »

CH. GOURLIER.